विजय यात्रा

प्रो. प्रमोद कुमार जैन 'प्रखर'

प्राध्यापक, रसायनशास्त्र,

शासकीय होल्कर (आदर्श, स्वशासी)

विज्ञान महाविद्यालय,

इंदौर (म.प्र.)

Become
Shakespeare
.com

२०२२ में प्रकाशित
बिकमशेक्सपियर. कॉम

वन पॉइंट सिक्स टेक्नोलोजीलस प्राइवेट लिमिटेड
१२३, बिल्डिंग जे-२, श्रम सेवा प्रमाइसेस,
वडाला ट्रक टर्मिनस
वडाला, पूर्व, मुम्बई-४०००३७
दूरभाष ९१ ९९८०८०२२६६९

आई. एस. बी. एन. – ९७८-९३-५६१०-७०१-४

पूजनीय माताश्री, पिताश्री
एवं
समस्त गुरुजनों को सादर समर्पित

प्राक्कथन

मान्यवर,

मर्यादा पुरुषोत्तम श्रीराम भारतीय संस्कृति व सभ्यता के प्रतीक हैं। प्रत्येक भारतवासी के लिए वे पूजनीय हैं तथा सबके हृदय में उनके प्रति अगाध श्रद्धा व सम्मान है। प्रस्तुत खण्डकाव्य 'विजय यात्रा' प्रभु श्रीराम की जीवन यात्रा का एक अंश मात्र है। इसको लिखने का विचार गत विजयादशमी के शुभ दिन आया। इस खण्डकाव्य में 201 पद्यांश हैं तथा इसमें मैंने अरण्यकाण्ड, किष्किंधाकाण्ड, सुंदरकाण्ड तथा लंकाकाण्ड के वृतांत को शामिल किया है।

प्रभु श्रीराम के वनवास की तेरह वर्ष की अवधि चित्रकूट में अपेक्षाकृत शांति से व्यतीत हुई। चौदहवें वर्ष के आरंभ में वे पंचवटी गये। वहाँ लक्ष्मण जी ने राक्षसी सूर्पणखा का अंग-भंग किया और उसी क्षण श्रीराम की विजय यात्रा का अंकुरण हुआ। लंकाधिपति रावण का संहार इस यात्रा का उपसंहार है।

भारतवर्ष के विभिन्न क्षेत्रों व कालों में अनेक महर्षियों ने श्रीराम-कथा के विभिन्न प्रसंगों का वर्णन किया है। गोस्वामी तुलसीदास जी कृत रामचरितमानस में लक्ष्मण जी द्वारा लक्ष्मण-रेखा खींचने का प्रसंग वर्णित नहीं है। इसी प्रकार महर्षि कम्बन द्वारा तमिल भाषा में रचित 'इरामावतारम्' में निम्नलिखित मार्मिक प्रसंग का वर्णन मिलता है।

महेश्वर-लिंग-विग्रह की स्थापना के लिए प्रभु श्रीराम ने कई पण्डितों के नाम पर विचार किया, किन्तु उन्हें रावण से उपयुक्त कोई ब्राह्मण, वेदज्ञ और शैव नहीं मिला। उन्होंने जाम्बवंत को रावण के पास महेश्वर-लिंग-विग्रह की स्थापना के प्रतिष्ठाचार्य पद हेतु निमंत्रण देने के लिए लंका भेजा। जीवन में प्रथम बार किसी ने रावण को ब्राह्मण माना और

आचार्य बनने योग्य जाना था। आमन्त्रण और अपने आराध्य की स्थापना हेतु आचार्य-पद रावण के लिए अस्वीकार करना संभव नहीं था। रावण ने कहा, "राम से कहिए कि मैंने उनका आचार्यत्व स्वीकार किया।"

लंकेश ने स्थापना हेतु आवश्यक सामग्री संग्रह करवाई व स्वयं अशोक वाटिका पहुँचे और सीता जी से कहा, "यजमान का अनुष्ठान पूर्ण हो यह दायित्व आचार्य का भी होता है। तुम्हें विदित है कि अर्द्धांगिनी के बिना गृहस्थ के सभी अनुष्ठान अपूर्ण रहते हैं। विमान आ रहा है; उस पर बैठ जाना। पर ध्यान रहे कि तुम वहाँ भी रावण के अधीन ही रहोगी। अनुष्ठान समापन उपरान्त यहाँ आने के लिए विमान में पुनः बैठ जाना।" यह सुनकर सीता जी ने दोनों हाथ जोड़कर मस्तक झुका दिया। "सौभाग्यवती भव" कहते हुए रावण ने दोनों हाथ उठाकर भरपूर आशीर्वाद प्रदान किया।

आकाश मार्ग से विमान द्वारा रावण समुद्र तट पर उतरा। श्रीराम स्वागत सत्कार हेतु तत्पर थे और सम्मुख आते ही उन्होंने आचार्य दशानन को हाथ जोड़कर प्रणाम किया। रावण ने "दीर्घायु भव। लंका विजयी भव।" का आशीर्वाद श्रीराम को दिया। भूमि शोधन उपरान्त रावणाचार्य ने कहा, "यजमान, अर्द्धांगिनी कहाँ है? उन्हें यथास्थान आसन दें।" श्रीराम ने मस्तक झुकाते हुए हाथ जोड़कर अत्यन्त विनम्र स्वर में कहा, "अर्द्धांगिनी यहाँ नहीं है। कोई उपाय बताईये, आचार्य?" लंकेश बोले, "समुद्र तट पर विमान में यजमान की पत्नी विराजमान हैं। अनुष्ठान पश्चात आचार्य आवश्यक उपकरण व सामग्री वापिस ले जाते हैं, तो मैं तुम्हारी अर्द्धांगिनी को भी वापिस ले जाऊँगा। यदि स्वीकार हो तो ले आओ।" श्रीराम ने मस्तक झुका कर सहमति दी।

आचार्य ने पूर्ण विधि-विधान के साथ अनुष्ठान सम्पन्न कराया। अनुष्ठान उपरांत श्रीराम ने पूछा, "आपकी दक्षिणा बतलाईये, आचार्यवर।" लंकेश ने कहा, "घबराओ नहीं, यजमान। स्वर्णपुरी के स्वामी की दक्षिणा सम्पत्ति नहीं हो सकती। आचार्य जानते हैं कि उनका यजमान वर्तमान में वनवासी है। आचार्य जब मृत्यु-शैय्या ग्रहण करे, तब यजमान सम्मुख

उपस्थित रहें।" यह सुनकर सब हतप्रभ रह गये। "ऐसा ही होगा, आचार्य," यजमान ने वचन दिया और समय आने पर उसे निभाया भी।

रावण जैसे भविष्यद्रष्टा ने जो दक्षिणा माँगी, उससे बड़ी दक्षिणा और क्या हो सकती थी। वाल्मीकि रामायण और गोस्वामी तुलसीकृत रामचरितमानस में इस कथा का वर्णन नहीं है। श्रीराम-कथा के ऐसे अनेक प्रसंग हैं जो कथाओं के रूप में सुनने और पढ़ने को मिलते हैं किंतु इतने सारे प्रसंगों को एक खण्ड-काव्य में समाहित नहीं किया जा सकता है।

मैं अपने पिताश्री व माताश्री को सादर नमन करता हूँ जिनके आशीर्वाद से मैं यह लेखन कार्य सम्पन्न कर सका। वे जहाँ भी हैं, इसे देख कर प्रसन्न होंगे। मैं अपने गुरुजनों को भी नमन करता हूँ जिन्होंने मुझे अक्षरों व शब्दों से परिचित कराया जिस कारण मैं आज यह खण्ड-काव्य लिख सका। मेरी पत्नी डॉ. पुष्पा के सहयोग के बिना यह दुष्कर लेखन कार्य संभव नहीं था। इसके संपादन में मुझे मेरी बेटी प्रजवी का भी अमूल्य योगदान प्राप्त हुआ। हमारे महाविद्यालय के प्राचार्य व अतिरिक्त संचालक, इन्दौर संभाग, डॉ. सुरेश टी. सिलावट सदा मेरे प्रेरणास्रोत रहे हैं। मेरी बेटी प्रियम, दोनों दामाद संजीत व रवि तथा मेरे सभी परिजनों ने भी मुझे इस लेखन कार्य के लिये प्रोत्साहित किया। इस कार्य में श्री नागेश पटेल ने भी बहुमूल्य तकनीकी सहयोग दिया है। मैं इन सबका हृदय से आभारी व ऋणी हूँ तथा सबको साधुवाद ज्ञापित कर रहा हूँ।

भाषा विचारों की अभिव्यक्ति का माध्यम है। किसी भी भाषा में कोई दोष या कमी नहीं है। भारत के युगपुरुष मर्यादा पुरुषोत्तम श्रीराम पर पद्य विधा को मैंने सरल हिंदी भाषा में लिखने का प्रयास किया है।

इतिश्री। जय श्रीराम। जय श्री हनुमान।

शुभेच्छु,
डॉ. प्रमोद कुमार जैन 'प्रखर'
'प्रणील', पी-41, ट्रेजर टाउन, बीजलपुर,
इन्दौर (म.प्र.)

विजय यात्रा

फैला था धरती पर जब अधर्म व अत्याचार,

व्याप्त थीं अमानवीय प्रवृत्तियाँ और कुविचार,

फहराने धर्म की ध्वजा, जगाने सुषुप्त संसार,

आविर्भूत हुए श्रीहरि विष्णु लेकर रामावतार।

त्रेतायुग, चैत्र मास, शुक्ल पक्ष, तिथि नवमी,

अधर्म के तमस को हरने अद्भुत द्युति जन्मीं,

राजा दशरथ के रनिवास में हुआ नव विहान,

माता कौशल्या के आँगन जन्में प्रभु श्रीराम।

प्रासाद में बजी दुंदुभि, गूँजी सुमधुर शहनाई,

हर कण्ठ से ध्वनि निकली बधाई हो बधाई,

जली दीपमालायें नगर के प्रत्येक घर-आँगन,

आनन्द से नम हुए सभी प्रजाजन के नयन।

अंतरिक्ष से देवी-देवताओं ने किया शंखनाद,

साधु-संन्यासियों ने भी किया आनंद निनाद,

बरसे अम्बर से पुष्प, अक्षत, रोली व चंदन,

सबने कमाया पुण्य, कर प्रभु के चरण-वंदन।

प्रासादों में ऐश्वर्य एवं वैभव में बचपन बीता,

राघवेन्द्र स्वयंवर द्वारा लाये अर्द्धांगिनी सीता,

ज्येष्ठ सुपुत्र राघवेन्द्र को बनना था महाराज,

पर माता कैकयी चाहती थीं भरत का राज।

दशरथ से हठ कर श्रीराम को वन भिजवाया,

चौदह वर्ष का समय राम ने सहर्ष अपनाया,

सहधर्मिणी वैदेही ने भी भार्या-धर्म निभाया,

लक्ष्मण ने किया अनुसरण, बन प्रतिछाया।

पिताश्री दशरथ के अनुदेश को कर शिरोधार,
त्यागा सुख, वैभव, सम्पदा, ऐश्वर्य, परिवार,
तजकर स्वर्णाभूषण, धारण किये भगवा वस्त्र,
साथ रह गये शील, सद्भाव, स्नेह रूपी शस्त्र।

परिजन हुए भाव-विह्वल, वेदना अत्यंत भारी,
लेकर मात-पिता का आशीष, बढ़े आज्ञाकारी,
ऐसे सुपुत्रों व पुत्र वधू पर प्रजा थी बलिहारी,
देख छवि संन्यासी, अश्रुपूरित सब नर-नारी।

पग-पग चल चित्रकूट पहुँचा था राजपरिवार,
आज्ञा-पालन का सुख था शत सुखों के पार,
श्रीराम असुरों से ऋषियों की करते थे रक्षा,
मुनियों संग करते सत्संग व धर्म-अनुप्रेक्षा।

पशु-पक्षी को दे दाना, आनंद पातीं थीं वैदेही,

यूँ ही समय बीता, बीती तेरह वर्ष की अवधि,

फिर चित्रकूट से चलकर, तीनों पहुँचे पंचवटी,

पाँच वट वृक्षों के नीचे बनाई रम्य पर्णकुटी।

आकाश में नवाकृतियाँ बनातीं श्यामल घटा,

रंग-बिरंगे प्रसून बिखेर रहे थे इंद्रधनुषी छटा,

प्रसृत मीठी सुरभि, कुसुमित हुए पुष्प-ध्वज,

गुंजित मधुकर मचल रहे पीने को कुसुमरज।

कुलांचे मार रहे थे गिलहरी, खरगोश, हिरण,

झुरमुट के पर्णों से झाँक रही सुनहरी किरण,

नर्म छुअन से धरा की दूब को करती पावन,

प्रेम से नाच रहे मयूर ज्यों आया हो सावन।

अरण्य में उत्तुंग तरु माल छू रहीं थीं गगन,

मुदित हो हिंडोला झुलाती, बह रही थी पवन,

पुष्पों की मंजरियाँ बना रहीं थीं तोरण द्वार,

प्रफुल्लित हुईं सिया, देख प्रकृति के उपहार।

कुहुक रही थी कोकिल, फुदक रही डाल-डाल,

पक्षियों ने फैलाये पर, छूने को व्योम विशाल,

श्रीराम, माता जानकी को देख सब थे प्रसन्न,

प्रभु की चरण-धूलि से हर्षित थे जड़-चेतन।

आया निशा का अंतिम पहर, कालिमा गहरी,

वातावरण में मनमोहिनी सुगन्ध थी बह रही,

लक्ष्मण शिला पर शिला से खड़े, बन प्रहरी,

कानन वीरान, हवा स्तब्ध, निशा गूंगी-बहरी।

पर्णकुटीर की सुरक्षा जैसे उसमें विपुल वैभव,
लक्ष्मण थे अनभिज्ञ कि होगा कोई अभिभव,
बलवान, धनुष्मान, निर्निमेष, अविचल खड़ा,
अहर्निश राम व सीता की रक्षा का व्रत धरा।

तभी चीर तिमिर, सम्मुख आई रम्य रमणी,
रक्ताभ परिधान, आभूषणों से सँवरी कामिनी,
लक्ष्मण पर मुग्ध होकर किया स्नेह निवेदन,
प्रेम-पिपासु रमणी चाहती थी परिणय बंधन।

निशाकर को देख चकोर हो रहा था आसक्त,
बिखरा चाँदनी चन्द्रमा भी हो रहा था अस्त,
संपूर्ण निशा, रमणी लक्ष्मण को रिझाती रही,
पर लखन के मन जोत राम की जलती रही।

तिरोहित यामिनी, उषा आई, पूर्वा जगमगाई,
पर्णकुटिया से जब वैदेही आईं, छाई अरुणाई,
उदित हुआ पूरब में दिनकर, प्रकृति मुस्काई,
निहारकर जानकी का सौंदर्य रमणी सकुचाई।

सूरज-सा तेज लिए द्युतिमान राम की काया,
जोगिया परिधान में दृष्टिगत स्वर्गिक माया,
चौंधिया गई रमणी, अब मन राम में रमाया,
उसने राम का वरण करने का मन बनाया।

बोली राम से रमणी, "आज तुम्हें मैं वरती हूँ,
आसक्त हूँ, तुमसे अनधिक स्नेह मैं करती हूँ,
मुझसे विवाह रचाओ, तुमको तुमसे हरती हूँ,
सुखमय जीवन बीतेगा, आश्वसित करती हूँ।"

बोले राघवेन्द्र, "मैं सपत्निक अरण्य में आया,

पर अनुज अकेला है, संगिनी घर छोड़ आया,

मनोरमा, तुम लक्ष्मण से ही करो प्रणयाग्रह,

छोड़ो मुझको, करो मुझ पर इतना अनुग्रह।"

नहीं चली रमणी की माया, क्रुद्ध मनहारिणी,

नहीं सह सकी स्व-उपेक्षा, दुष्ट मायाचारिणी,

रूपसी से बन गई राक्षसी, अब पलटा पासा,

जली क्रोध की अनल, भस्म मन की आशा।

गले में नरमुंड की माला, देह का रंग काला,

मीठे बोल हुए कर्कश, चीखी वह असुर बाला,

"मैं, सूर्पणखा, लंकाधीश रावण की भगिनी,

भक्षण करूँगी सबका, मैं जीवंत पिशाचिनी।"

अग्रसर हुई सूर्पणखा, करने वैदेही पर प्रहार,
लक्ष्मण खड़े थे सावधान, ले हाथ में तलवार,
अबला पर प्रहार, नहीं थे रघुवंशी के संस्कार,
किन्तु स्वजन की रक्षा, धर्म-संगत अधिकार।

देख राक्षसी को सम्मुख, हुए लक्ष्मण अंगार,
विलग किये नाक-कान, बही रुधिर की धार,
प्रभु श्रीराम कथा की घटना है यह विलक्षण,
इसी क्षण हुआ था विजय यात्रा का अंकुरण।

विलाप करती हुई सूर्पणखा गई दण्डकारण्य,
जहाँ पर रहते थे उसके विमातृज खर-दूषण,
रो-रो कर उसने अपनी व्यथा-कथा बतलाई,
फिर क्रुद्ध भ्राताओं ने युद्ध की योजना बनाई।

रघुवीर से संग्राम के लिए आये राक्षसी वीर,
चौदह का वध कर गया श्रीराम का एक तीर,
खर-दूषण हुए चकित, देखकर राम का बल,
इनका वध करने में प्रभु श्रीराम हुए सफल।

सूर्पणखा ने फिर किया लंकाधीश से विलाप,
अंग-भंग हो जाने की वेदना में किया प्रलाप,
"आरण्यकों का वध कर, हरो मन का संताप,
तुम में है अपरिमित बल, अजेय है प्रताप।"

लंकेश, गोत्र सारस्वत ब्राह्मण, ब्रह्मा के प्रपौत्र,
मुनि विश्रवा के पुत्र, ऋषि पुलस्त्य के पौत्र,
माता थीं दैत्यराज सुमाली की पुत्री कैकसी,
इसलिए थी लंकेश की प्रवृत्ति दानवों जैसी।

लंकापति था महापराक्रमी, महाप्रतापी, वेदज्ञ,
अत्यधिक बलशाली, प्रकाण्ड विद्वान तत्वज्ञ,
चौसठ कलाओं में पारंगत, शास्त्रों का ज्ञाता,
किन्तु विधर्मी स्वत: को मानता था विधाता।

लक्ष्मण के व्यवहार पर क्रोधित हुआ रावण,
आँखें हो गईं लाल, सुन भगिनी का क्रंदन,
खर व दूषण के वध ने पावक में घी डाला,
तन-मन में धधक उठी प्रतिशोध की ज्वाला।

राम का वध करने को व्याकुल था दशानन,
अंततः मामा मारीच से मिलने पहुँचा रावण,
डराने व धमकाने पर मारीच को सूझी युक्ति,
'मानूँगा कहा तो मिलेगी प्रभु के हाथों मुक्ति'।

लंकेश ने मामा मारीच को बनाया स्वर्ण-मृग,

देखकर मृग, वैदेही के विस्फारित रह गए दृग,

स्वर्ण खाल पाने की चाह जगी सिया के मन,

प्रभु से खाल लाने का किया विनम्र निवेदन।

सुन जानकी की अनुनय, द्रवित हुए श्रीराम,

श्रीराम ने की प्रतिज्ञा, दूँगा भेंट नयनाभिराम,

प्रिये की हृदय भावना का करने को सम्मान,

वे बोले अनुज से, "भावज का रखना ध्यान"।

ले धनु-बाण राम ने किया वन को प्रस्थान,

पर वन में मृग का नहीं मिला कोई प्रमाण,

तभी झुरमुट में दिखा मृग जो देना था भेंट,

श्रीराम ने एक बाण से किया उसका आखेट।

मृग बने मारीच ने धरा अपना दानवी रूप,
मृत्यु के पूर्व भी छल से नहीं चूका बहुरूप,
राम-स्वर में 'हे लक्ष्मण!' की लगाई गुहार,
सिया हुईं विकल, सुनकर यह करुण पुकार।

सुन राम का स्वर, चिंतित हुए सिया-लखन,
कुशंका में सिया ने अब लखन को भेजा वन,
खींच अभिमंत्रित रेखा, सिया से बोले लखन,
"हे माता, मत करना इस रेखा का उल्लंघन।"

श्रीराम व लक्ष्मण जब हुए पर्णकुटीर से दूर,
रावण ने सोचा, 'अब यह समय है अनुकूल',
साधु-भेष में लगाई 'भिक्षाम देही' की पुकार,
माँ जानकी लाईं भिक्षा, पाकर साधु को द्वार।

देखकर लक्ष्मण-रेखा लंकापति हुआ आशंकित,

जानकी आईं बाहर, पार न की रेखा किंचित,

माता जानकी ने रखा लक्ष्मण-रेखा का मान,

रावण जाने लगा कर भिक्षा का प्रत्याख्यान।

संस्कार - रघुकुल की पुत्रवधू का था श्रृंगार,

भिक्षुक के लिए कभी बन्द नहीं होते थे द्वार,

फिर कैसे जा सकता था भिक्षुक खाली हाथ,

पार कर लक्ष्मण-रेखा, सिया ने दिया प्रसाद।

साधु बने लंकेश ने फिर दिखाया दानवी रूप,

माँ वैदेही भयभीत हुईं, देख भयावह स्वरूप,

पकड़ वैदेही की कलाई, गरजा फिर लंकेश,

घसीट वैदेही को पुष्पक में, उड़ा लंका देश।

असुर-राज लंकापति से वैदेही का करने त्राण,

गिद्धराज जटायु लड़े, जब तक तन में प्राण,

लंकापति ने काटे पंख, गिरे धरा पर धड़ाम,

उखड़ी साँसों की डोर, स्मृति में आये श्रीराम।

देख जटायु की यह अवस्था सीता हुई अधीर,

मन में था दुःख, अँखियाँ निर्झर झरते नीर,

अभ्यर्थना भी हुई व्यर्थ, नहीं पिघला लंकेश,

असहाय होकर देखते रहे देवी-देवता-लोकेश।

वैदेही के बिछोह से दुखी थे राम व लखन,

सीते-सीते पुकारते हुए, ढूँढ़ते रहे वन-उपवन,

हृदय विदीर्ण, देह बोझिल, थे सजल नयन,

शंका-कुशंका के बीच झूलता रहा श्रांत मन।

वन-पथ में राम को मिले मरणासन्न जटायु,

कटे पंख, रक्तस्रावित, अवरुद्ध होती प्राणवायु,

माँ वैदेही की व्यथा का वर्णन कर तजे प्राण,

अभिनंद्य हैं जटायु, किया राघवेंद्र ने प्रणाम।

कुटिया में बैठ शबरी, बाट जोहती श्रीराम की,

मन रंगा राम रंग, छवि सजी अभिराम की,

राह बुहारे, पंथ निहारे, घड़ी नहीं विश्राम की,

रोम-रोम राम रमे, हिय विराजीं माँ जानकी।

वन-वन भटक पहुँचे कुटिया राम व लखन,

सच हुआ आज गुरु ऋषि मतंग का कथन,

शबरी हर्षीं देख श्रीराम को, अश्रु बहे नयन,

अँसुवन से चरण पखारे, धन्य हुआ जीवन।

शबरी के मन में थी प्रभु के प्रति श्रद्धा-भक्ति,

ऊँच-नीच का अंतर न था, थी सिर्फ आसक्ति,

खट्टे बेर न खा पायें राम, चख मीठे छांटे,

जूठे बेर खिला राम को, भव के बंधन काटे।

महीपति दशानन का मन हुआ अति चंचल,

सीता को पटरानी बनाने हेतु किये कई छल,

मनाया, डराया, धमकाया, दिए कई प्रलोभन,

किंतु डिगा न सका पतिव्रता सीता का मन।

ढूँढते सिया को ऋष्यमूक गिरि पहुँचे श्रीराम,

मिले वहाँ परम भक्त अंजनीसुत वीर हनुमान,

श्रीराम ने लगाया गले, किया भक्त ने प्रणाम,

प्रभु व भक्त का मिलन था विधि का विधान।

हनुमान लाये सुग्रीव को प्रभु राम की शरण,

सुन उसकी वेदना, दिया सहयोग का वचन,

श्रीराम ने किया अत्याचारी बाली का हनन,

दिलवाया सुग्रीव को किष्किंधा का सिंहासन।

प्रभु को चिंतित देख हनु हुए विचार मगन,

किया माँ सीता को ढूँढने के व्रत का वरण,

मन में थी उत्कंठा, करना है माता के दर्शन,

कर प्रभु-पद स्पर्श, हनु ने लिया आशीर्वचन।

दक्षिण दिशा को चले हनु छोड़कर किष्किंधा,

साथ में चले जाम्बवन्त, मिला कंधे से कंधा,

राह में मिली एक तपस्विनी, सुन इनकी पीर,

तप-शक्ति से पहुँचाया सबको सागर के तीर।

सागर तट पर मिले जटायु के भाई सम्पाती,
उसने बताया माँ को लंका ले गया लंकापति,
यह सुन अंजनी के लाल हुए क्रोध में लाल,
पर कैसे पहुँचे लंका, प्रश्न था अति विशाल।

बाल्यकाल में हनु ऋषियों को देते थे संताप,
शक्तियों का होगा क्षय, दिया ऋषियों ने शाप,
ये होंगी जागृत जब दिलायेगा कोई स्मरण,
सुध दिला बने जाम्बवंत शुभकाज के कारण।

सीता की खोज में उड़े सागर पर से हनुमान,
मुख में रख प्रभु मुद्रिका बोले, "जय श्रीराम!"
सुरसा ने भक्षण करना चाही हनु की काया,
सिंहिका ने रोका हनु को, पकड़ उनकी छाया।

बाधाओं को पार कर मारुति ने लांघा सागर,

सौ योजन दूरी लांघ गये, ज्यों हो कोई गागर,

सूक्ष्म रूप धर लंका पहुंचे, नहीं था कोई ठौर,

उत्सुक नैन ढूँढते रहे माँ सीता को चहुँ ओर।

नैन उदास, अश्रु भरे, न हुए माता के दर्शन,

फिर लंका में मिले उन्हें राम-भक्त विभीषण,

स्व-परिचय दिया, पूछा माँ का ठौर-ठिकाना,

विभीषण से ज्ञात हुआ, सिद्ध हुआ था आना।

खोजते-खोजते अशोक वाटिका पहुँचे हनुमान,

वट वृक्ष शिंशपा तले दिखी मूरत कांतिमान,

विकराल राक्षस-राक्षसी दे रहे थे वहाँ पहरा,

लघु स्वरूप में वृक्ष पर मारुति ने डाला डेरा।

कर माँ के दर्शन, आनन्द से नम हुए नयन,

देख छवि सुदर्शन, मन ही मन किया नमन,

चरणों पर नवाकर शीश, वंदना का था मन,

आशीर्वाद पाने को हृदय कर रहा था स्पंदन।

सिया का मन पुकारता, "सुन ऐ सखी पवन,

प्रभु श्रीराम से दूर होकर दुखित है यह मन,

देना उनको संदेश, हृदय-विहीन है यह तन,

कुछ साँसें अभी शेष हैं, मंद हो गई धड़कन।

छू प्रभु चरण कहना, विरह नहीं होती सहन,

स्मृति में अविरल बरसते हैं नयनों के घन,

किधर गए मेरे प्रिय अनुज, मेरे देवर लखन,

हरो मेरे मन की पीर, करो तो कोई जतन।"

तभी वहाँ आया लंकेश, रखने विवाह-प्रस्ताव,
सिया की न सुन, उसने किया असंयत बर्ताव,
देखकर के दुर्व्यवहार, आक्रोशित हुए हनुमान,
पैर पटकते गया लंकेश, हुआ घोर अपमान।

निष्ठुर, क्रूर राक्षसियों ने था जानकी को घेरा,
अतएव वैदेही के मन पर भय ने डाला डेरा,
राक्षसियों ने लंकेश से विवाह के लिए डराया,
पर आसुरी त्रिजटा ने सिया को धीर बँधाया।

वृक्ष पर वानर को देख वैदेही हुईं विचलित,
पल में हनुमान समझ गए, माँ हैं आशंकित,
मारुति ने किया श्रीराम के गुणों का बखान,
सुनकर सिया प्रसन्न हुईं राम का दूत मान।

हनु ने दे परिचय रखी मुद्रिका सिया-चरण,
देख प्रभु मुद्रिका बीती बातें हो आईं स्मरण,
वो मिथिला का कानन जहाँ हुए प्रभु-दर्शन,
स्वयंवर, विवाह, अयोध्या व वन को गमन।

देख वानर को वाटिका में प्रहरी हुए सजग,
क्रुद्ध हनुमान ने धरती से वृक्ष किये विलग,
रम्य वाटिका को उजाड़ने में लगे कुछ पल,
उधर प्रासाद में लंकाधीश हो रहा था विकल।

दानव जत्सुमाली के साथ आई सेना भारी,
हनुमान को पकड़ने की थी भरसक तैयारी,
किंतु हनु ने सहजता से किया सभी का वध,
यह समाचार सुनकर लंकेश रह गया हतप्रभ।

विस्मित हुआ रावण, किसने वाटिका उजाड़ी,
वानर को पकड़ने की आई मेघनाथ की बारी,
मेघनाथ हनु के बल के समक्ष हुआ परास्त,
धूर्तता से उसने पवनसुत पर छोड़ा ब्रह्मास्त्र।

महावीर हनुमान ने ब्रह्मास्त्र को किया नमन,
पर ब्रह्मास्त्र के स्पर्श से हनुमान हुए अचेतन,
बांधकर डोरियों से हनु को ले गये राजसभा,
विराट वानर को देख सभी को हुआ अचंभा।

देख हनु की दशा किया लंकेश ने परिहास,
शक्ति के दम्भ में किया कर्ण-कटु अट्टहास,
जिसकी भीषण गूँज से काँपे धरती-आकाश,
पर पहचान नहीं पाया वो काल के बाहुपाश।

रामदूत हनुमान ने किया लंकापति से संवाद,

माँ सिया को बंदी बनाने पर किया प्रतिवाद,

बोला लंकेश, "वैदेही होगी प्रासादों की आन,

पटरानी बनाऊँगा उसे, क्या कर लेगा राम?"

रखा संयम मारुति ने सुन लंकेश के दुर्वचन,

पल भर में ही कर सकते थे वे सबका हनन,

पर सरल था हृदय व प्रभु को दिया था वचन,

तभी लंकेश ने लगवाई हनु की पूँछ में अगन।

छोड़ राजसभा, पवन वेग से उड़े हनु गगन,

आक्रोशित था मन, पूँछ कर रही थी दहन,

जलाई स्वर्णमयी लंका, चारों ओर हाहाकार,

लंका का वैभव व लंकेश का दर्प हुआ खार।

अपने प्राणाधार के सम्मान का कर बहुमान,

लंका से नहीं लौटीं माता सीता संग हनुमान,

रघुवंश की ख्याति और कीर्ति का रख ध्यान,

पतिव्रता नारी का है यही धर्म तथा पहचान।

ले माता से चूड़ामणि किया हनु ने प्रस्थान,

यह था प्रभु को विश्वास दिलाने का सामान,

सागर तट पर पहुँच बुझाई पूंछ की अनल,

माता के दर्शन पाने में हनुमान हुए सफल।

नयनों में भर क्षोभ, दया व करुणा का जल,

विकल मंदोदरी ने फैलाया सुहाग का आँचल,

पकड़ लंकाधीश के चरण, करी विनम्र प्रार्थना,

"हे दानवराज! करो श्रीराम से क्षमा याचना।

ससम्मान सती सीता सौंपो प्रभु श्रीराम को,

त्रिलोकीनाथ, विष्णु अवतार, दयानिधान को,"

ठुकराई लंकेश ने पटरानी मंदोदरी की विनय,

वह चाहता था शिवभक्ति से राम पर विजय।

रानी की अनुनय का लंकेश ने किया प्रहास,

"भूलकर काल भी नहीं आ सकता मेरे पास,

वानरों की वाहिनी को मार कर खायेंगे सभी,

राक्षसों के उदर को परितोष मिलेगा तभी।"

मारुति ने लगा छलांग किया सागर को पार,

पहुँचकर भारत भूमि सुनाये मंगल समाचार,

संगी-साथियों के साथ बढ़े मारुति किष्किंधा,

जहाँ सोच रहे थे राघव कैसी होंगी प्रियंवदा।

राम ने हनुमान से पूछा, "कहाँ पर हैं सिया,
हे अनुज! बतलाओ कैसी हैं मेरी प्राण प्रिया?
कृपा कर मुझे सविस्तार सारा वृत्तांत सुनाओ,
क्या सीते मुझे स्मरण करतीं हैं, बतलाओ?"

देख व्यग्रता श्रीराम की हनुमान हुए विकल,
छू सीते के चूड़ामणि श्रीराम हुए भाव-विह्वल,
भक्त हनुमान ने प्रभु चरण पर रखकर भाल,
अश्रुओं से अभिषेक कर किया चरण प्रक्षाल।

सिसकियाँ ले मारुति ने सुनाया संपूर्ण वृत्तांत,
"प्रभु, माँ अन्याधीन हैं, तन हो गया क्लान्त,
मुख-मण्डल है कांतिहीन और मन है अशांत,
जोह रहीं हैं बाट, कब आयेंगे मेरे प्राणनाथ?"

संवाद हेतु वहाँ एकत्रित हुए सुग्रीव, हनुमन्त,
अंगद, नल, नील, लखन, केसरी, जाम्बवन्त,
सभी ने न्याय-अन्याय पर की गंभीर मंत्रणा,
समवेत स्वर में सबने की समर की घोषणा।

उदित हुआ आशा का सूर्य श्रीराम के रूप में,
खिलेगा विजय कमल लक्ष्मण रूपी धूप में,
होगा सिया-राम का मिलन हनु के बल से,
जीत नहीं सकता था रावण माया व छल से।

प्रभु स्वयं थे सक्षम करने रावण का संहार,
समावेशी प्रभु देना चाहते थे सबको सत्कार,
अत: वानर-भल्लुक की सेना को कर तैयार,
सबमें किया उत्साह और उमंग का संचार।

सबमें उल्लास था भारी, लोहा लेने की तैयारी,

चमकी स्फूर्त चपला, सजग था हर शस्त्रधारी,

मिटाने घोर अत्याचार, फैलाने धर्म का प्रकाश,

चली श्रीराम की सेना करने पापियों का नाश।

नहीं था समय अब विराम और विश्राम का,

आया अब समय लंकाधिपति से संग्राम का,

प्रभु-त्रोण में थे लव, युग, वर्ष, निमेष तीर,

शत्रु का रक्त पीने को जो हो रहे थे अधीर।

किष्किंधा से चली राम सेना श्रीलंका की ओर,

प्रभु के पाँव पखारने सागर ले रहा था हिलोर,

दसों दिशायें व्याकुल थीं करने राम के दर्शन,

दक्षिण दिशा को बढ़ी सेना करने बल प्रदर्शन।

सागर का तट प्रभु श्रीराम को लगा मनोरम,

रेत से बना शिवलिंग, नाम दिया रामेश्वरम,

बैठे शिवलिंग के सम्मुख, हुए ध्यान मगन,

कर शंकर का स्मरण, किया हृदय से नमन।

श्रीराम ने इष्ट आदि देव का कर अभिमंत्रण,

लंका पर विजित होने के लिए किया अर्चन,

शिवाशीष प्राप्त लंकाधीश का कर सकूँ मर्दन,

किया संकल्प, विजय पश्चात करूँगा दर्शन।

अनुज विभीषण ने दिया लंकेश को परामर्श,

"करो माँ सीता को मुक्त, प्रस्तुत करो आदर्श,

प्रभु श्रीराम से करो संधि और मत करो युद्ध,

पर सुनकर राम की प्रशंसा, लंकेश हुआ क्रुद्ध।

क्रोधाग्नि में जलता राजसभा में बैठा लंकेश,

शत्रु-हित भ्राता से सुन, आया मन में विद्वेष,

क्रुद्ध हो किया विभीषण के वक्ष पर पदाघात,

दिया देश से निर्वासन, लगा मन में आघात।

छोड़ स्वर्णमयी लंका, ली प्रभु राम की शरण,

त्याग रुधिर के सम्बन्ध, पाये प्रभु के चरण,

हुआ दानव घराने में जन्म, किया देवाचरण,

देकर प्रभु श्रीराम का साथ किया धर्मानुसरण।

यक्ष प्रश्न था- सेना कैसे करेगी सागर लंघन?

सबने मिल समस्या पर किया गंभीर मंथन,

किया समुद्र देवता से मार्ग देने का निवेदन,

पर सागर में थी गहराई, भावों में उथलापन।

राघव को मान दुर्बल सागर को हुआ घमण्ड,

प्रभुश्री ने इसलिए सागर को देना चाहा दण्ड,

राह बनाने को क्रोध में राम ने उठाया धनुष,

सागर ने मांगकर क्षमा धोया मन का कलुष।

जाम्बवन्त ने नल व नील को दिया अनुदेश,

बनाओ सागर पर सेतु जो पहुँचे श्रीलंका देश,

वानर-भालू ने शिला पर लिख राम का नाम,

फेंक कर सागर में बनाया रामसेतु अभिराम।

गुरुत्व के विरुद्ध पाषाण जल पर तैर रहे थे,

राम नाम लिखे पत्थर स्वभाव बदल रहे थे,

राम नाम की महिमा देखो कैसी अपरम्पार,

राम नाम लेता जो, हो जाता भवसागर पार।

न साथ में चतुरंगिणी सेना, न माया न छल,
रघुवीर श्रीराम पर था सब का विश्वास अटल,
वानर-भल्लुक की सेना बनी राम का सम्बल,
विजय होगी सत्य की, आयेगा स्वर्णिम कल।

बजे रणभेरी-नगाड़े, जन-जन में था आक्रोश,
दसों दिशाओं में गूँजा 'हर-हर महादेव' उद्घोष,
विजय पथ पर अग्रसित हुई राम की सेना,
पार किया रामसेतु, था लंका में प्रवेश लेना।

सेना संग प्रभु ने सुबेल पर्वत पर डाला डेरा,
पावन हो गई धरा, प्रकृति ने आनन्द बिखेरा,
झूम उठे थे पशु-पक्षी, नृत्य कर रहे थे मोर,
वल्लरियाँ-तरु भी लदे थे फलों से चहुँ ओर।

गोधूलि बेला, पखेरू लौटे नीड़ में सायंकाल,
बैठे थे प्रभु प्रस्तर पर, बिछी थी मृगछाल,
प्रभु का मुखमण्डल सौ सूर्यों-सा कांतिमान,
पवन से उड़ते केश लग रहे थे मनोभिराम।

चिंता में थे प्रभु, धधक रही थी अंतर्ज्वाला,
तभी दक्षिण में चमकी मनभावन अंशुमाला,
गरजते श्यामल बादलों से गहराई घटा घनी,
प्रभु श्रीराम ने पूछा, "कैसी है यह ध्वनि?"

बोले विभीषण, "हे नाथ! यह जो दृष्टव्य है,
भ्रमोत्पादक, मिथ्यात्मक, पूर्णतः अभव्य है,
दूर जो परिलक्षित हो रहे हैं जैसे काले घन,
राजमुकुट है लंकापति का छूता हुआ गगन।

रावण बैठा था प्रासाद में रास-रंग में तल्लीन,

बेबस बैठी मंदोदरी, ज्यों थल पर तड़पे मीन,

भय से अकम्पित मंदोदरी की दोनों कर्णिका,

दृष्टिगत हो रहीं जैसे चपला से नभ चमका।"

रघुनंदन ने धनु पर किया बाण का संधान,

निशाना साधकर छोड़ा नभ में अमोघ बाण,

टूटे कर्णफूल, गिरा मुकुट, खंडित अभिमान,

रास-रंग हुआ ध्वंस, विनष्ट लंकेश का मान।

अवाक् हुआ लंकेश, न आया भूकंप, न बवंडर,

कैसे गिरा मुकुट, मन में समाई शंका व डर,

न कोई शस्त्र चला, न अस्त्र गिरा गगन से,

फिर कैसे गिरी कर्णिका मंदोदरी के कर्ण से?

अमोघ बाण लक्ष्य भेद वापिस आया तूणीर,
भयाक्रांत लंकाधिपति जानने को हुआ अधीर,
तीनों लोकों के विजेता से कौन हो गया तेज,
यह देख सभासदों के भी मुख हुए निस्तेज।

वाटिका में निष्प्राण शिला-सी बैठीं थीं सीता,
उदास, प्रभाहीन, प्रियवर बिन मन रीता-रीता,
आई वहाँ त्रिजटा सुनाने वैदेही को यह संदेश,
"सेना संग प्रभु श्रीराम पधारे हैं लंका देश।"

वैदेही के माथे पर उभरी रेखाएं हुईं अंतर्धान,
मन हुआ हर्षित, हृदय शान्त, मुख द्युतिमान,
परिवेश हुआ प्रफुल्लित, दूर मन की दुविधा,
विजय होगी सुनिश्चित, प्रभु पर पूर्ण आस्था।

बुलाकर योद्धाओं को रघुवीर ने किया चिंतन,

अंगद को दूत बनाने पर किया गहन मंथन,

रघुवंश शिरोमणि प्रभु श्रीराम को कर नमन,

लंकेश की राजसभा चले अंगद रामदूत बन।

सभा में पहुँच दे परिचय किया प्रभु स्मरण,

फिर वीर अंगद बोले, "हे लंकाधिपति रावण!

हे अधम! छल से किया माँ सीता का हरण,

हे निर्लज्ज! अब सुनो तुम मेरे शुभ वचन।

अयोध्यापति नरेश श्रीराम से करो निवेदन,

अपने प्राणों की रक्षा हेतु लो प्रभु की शरण,

सुनकर तुम्हारी करुण पुकार वे करेंगे क्षमा,

वे हैं दयालु, क्षमावान, युगद्रष्टा, परमात्मा।"

रामदूत अंगद ने जब धरा पर मारी मुष्टिका,
सिंहासन से गिरा लंकेश, कंपित हुई श्रीलंका,
अभिमानी लंकेश बोला, "अरे ओ मूर्ख वानर!
लौट जा, मत अपनी मृत्यु को आमंत्रित कर।"

अंगद के कठोर वचन से क्रोधित था लंकेश,
सैनिकों को दिया उसे बंदी बनाने का आदेश,
फिर वीर अंगद ने कहा, "हो जाओ सावधान,
मेरे चरण को डिगा सके, है कोई बलवान?"

"हे वानर! मेरे साथ कई शूरवीरों का संबल,
मेरे भाई कुंभकर्ण में है सौ हथियों का बल,
मेरे पुत्र मेघनाथ ने इन्द्र को किया पराजित,
मेरे साथ है नरान्तक-त्रिशिरा जैसे अभिजीत।"

लंकेश की सभा में उपस्थित थे कई अधीश,

पर हिला सके न चरण, बैठे झुका कर शीश,

अब शक्ति का दर्प कर उठा मेघनाथ इंद्रजीत,

डिगा नहीं सका पग, लज्जित हुआ बलजीत।

फिर उपहास करता, मदमस्त, उठा लंकाधीश,

हृदय में शंका, फिर कैसे होती बल की जीत,

अंगद ने निषेध किया जैसे ही झुका लंकेश,

"चरण छुओ श्रीराम के, क्षमा करेंगे लोकेश।"

अंगद की शक्ति के समक्ष सब वीर हार गये,

परास्त लंकेश लजाकर जा बैठा नयन झुकाये,

श्रीहीन हुआ मुखमंडल, ललाट पर बल आये,

कर लंकेश का अपमान, अंगद वापिस आये।

प्रभु के श्रीचरणों पर मस्तक रख बोले अंगद,

"आपके आदेश का पालन कर मैं हूँ गदगद,

आपके स्नेहाशीष से ही यह हो सका संभव,

पर लंकेश से होगा युद्ध, होगा धर्मोद्धभव।"

मंदोदरी बोलीं, "नाथ मेटो मन की मलिनता,

प्रभु श्रीराम की शरण गहो, नहीं करो शत्रुता,

सादर सौंपो सिया को, माँगो राघव से क्षमा,

वे स्वयं श्रीहरि विष्णु हैं और सिया हैं रमा।"

प्रभु राम ने योद्धाओं से की समर की मंत्रणा,

जाम्बवंत, सुग्रीव, हनुमान ने की व्यूह-रचना,

जयघोष कर रहे थे समर को उद्यत बलवन्त,

हर हृदय में अगन, करना है दनुजों का अंत।

दुःसाध्य था लंकाधीश के दुर्ग में प्रवेश पाना,

दुष्कर था महाबली मायावी लंकेश को हराना,

युद्ध के पूर्व श्रीराम ने की महादेव की अर्चना,

जीत हेतु लंका की रक्षादेवी से भी की प्रार्थना।

आश्विनी माह, शुक्ल पक्ष, तृतीया की तिथि,

बजी भेरी, तत्पर सेना देख युद्ध की स्थिति,

गूँजित 'हर-हर महादेव' का गगनभेदी उद्घोष,

शंख फूँक देवताओं ने भी किया मेघनिर्घोष।

चली प्रभु राम की सेना करने दानवों से युद्ध,

दुर्ग के चारों द्वार पर किये चार वीर नियुक्त,

दुर्ग की प्राचीरों पर दानवों ने मोर्चा संभाला,

लेकर हाथ में बरछी, फरसे, तलवार, भाला।

परकोटे के ऊपर चढ़ वानर कर रहे थे वार,

रण में भालुओं से दानव हो रह थे दो-चार,

वानरों ने अपने भुजबल से तोड़े दुर्ग के द्वार,

बाल भी बाँका न कर सके दानवी प्रतिहार।

समर की विभीषिका पहुँच गई अपने चरम,

प्रत्येक योद्धा प्रदर्शित कर रहा था स्वपराक्रम,

आक्रंदन-चीत्कार से कंपायमान था रोम-रोम,

जय श्रीराम, जय लंकेश से गुंजित था व्योम।

दुर्ग के पश्चिमी द्वार पर थे महावीर हनुमान,

हनुमान व मेघनाथ में समर हुआ घमासान,

मेघनाथ के वक्ष पर हनु ने किया पद-प्रहार,

घायल हो गिरा रथ से, भग्न हुआ अहंकार।

अधिरथ ले आया आहत मेघनाथ को आसेर,

देखकर मंदोदरी हुईं अधीर, लंकेश को अवसेर,

मन हुआ चिंतित, नई शंकायें हुईं प्रस्फुटित,

अनृत अहंकार ने पाण्डित्य को किया कुंठित।

पुनः मेघ-सा नाद कर मेघनाथ रणभू आया,

पर वहाँ लक्ष्मण को न देख जोर से गुर्राया,

"काल तेरे समक्ष खड़ा, कहाँ गया रण छोड़,

कहाँ छुप गया तू कापुरुष, बनता है अरोड़।"

लक्ष्मण को देखकर मेघनाथ हुआ आकुंठित,

लक्ष्मण ने की गर्जन, कांधे पर धनु शोभित,

तूणीर कसा पीठ पर जिसमें तीर अपरिमित,

प्रत्येक तीर लालायित पीने राक्षसी शोणित।

दो वीर समर भूमि में लक्ष्मण और मेघनाथ,

विमोघ अस्त्र-शस्त्र से युद्ध का हुआ शंखनाद,

इधर सत्यमार्गी लक्ष्मण, उधर था मायाजाल,

सत्य दिखा निःशक्त, मृषा का फैला इंद्रजाल।

पाणिमुक्ता और मुक्तसंनिवृत्ति अस्त्रों के वार,

लगा रहे थे कटे शीश व भुजाओं के अम्बार,

लक्ष्मण के हर घात पर व्यर्थ हुए प्रतिघात,

फैलाकर माया-जाल, अदृश्य हुआ मेघनाथ।

अंत में मेघनाथ ने चलाई वीरघातिनी शक्ति

जो लखन के वक्ष से टकराई देने अतिमुक्ति,

मूर्छित हो टूटे तारे से धरती पर गिरे लखन,

मेघनाथ ने उन्हें ले जाने के किये कई जतन।

देखकर अनुज की दशा विचलित हुए श्रीराम,

मन में थी पीड़ा, नयन बह रहे थे अविराम,

माँ सुमित्रा ने सौंपा तनुज, सेवा को अहोरात्र,

विकल हुए राम, यह सुन कुपित होंगी मातृ।

जाम्बवन्त को सुषेण वैद्य का आया स्मरण,

लंका से सदन सहित हनु लाये वैद्य को रण,

देख नाड़ी, बताया जड़ी-बूटी व गिरि का नाम,

चिंतित हुए प्रभु राम, कौन करेगा यह काम?

संभावना के पर्याय पवनसुत उड़े दूर गगन,

पार किये कई सरोवर, सरिता, पर्वत, अरण,

उत्तर दिशा से संजीवनी लाने की थी लगन,

चिंतातुर हनु, चेतना में कब आयेंगे लखन।

स्थान अगम्य, पथ दूभर, हर पग मायाजाल,

मायावश दनुज कालनेमि गया काल के गाल,

नहीं जानते थे हनु बूटी की कैसे करें पहचान,

संजीवनी बूटी सहित पर्वत ले उड़े वीर हनुमान।

गिरि ले उड़ रहे थे हनु, भज राम का नाम,

बूटी पहुँचाने के लिये था भोर तक का याम,

देख नभ में भरत समझे उड़ रहा है निशाचर,

मूर्छित हो गिरे हनु जब लगा भरत का शर।

सुन मुख राघव भजन, भरत का मन हर्षाया,

ज्ञात हुआ ये हैं श्रीरामदूत, हृदय से लगाया,

सुनकर भ्रातृ-भावज की कथा, मन अकुलाया,

विदा किया मारुति को, भ्रातृ धर्म निभाया।

देख हनु को बूटी सहित प्रमुदित हुए श्रीराम,

हृदय से दिया शुभाशीष जो सेवा की निष्काम,

संजीवनी के सेवन से चेतना में आये लखन,

राम हुए कृतज्ञ, किया सुषेण का अभिनंदन।

सहर्ष भ्राता का कर आलिंगन, क्रंदित श्रीराम,

पुलकित हुई वानर सेना, देख दृश्य अभिराम,

सुन सम्पूर्ण वृत्तांत लंकाधीश हो गया स्तब्ध,

किंचित चिंतित, दुखित, व्यथित और क्षुब्ध।

बैठ प्रासाद में लंकाधीश कर रहा था मनन,

तभी ध्यान में आया सुषुप्त भ्राता कुम्भकर्ण,

बजाकर ढोल-नगाड़े, कराया उसका जागरण,

उसने भी कहा, "माँगो क्षमा, वो हैं नारायण।

रक्षितः राक्षस कुल, जाओ श्रीराम की शरण,
क्यों तुम्हारे अकर्म का दंड भोगे कुम्भकर्ण?
वैदेही का तूने किया हरण, वो हैं कल्याणी,
कैसे राम से युद्ध करूँ, अरे मूर्ख-अज्ञानी!"

बोला लंकेश कुम्भकर्ण से, "हे भ्राता! नरान्तक,
महोदर, दुर्मुख, अकंपन, अतिकाय, देवान्तक,
सभी पराक्रमी परिजन, युद्धभूमि में खेत रहे,
बस तुम से आस ताकि कुल की ज्योत जरे।"

सुन लंकेश की बात, रण में आया कुम्भकर्ण,
राम की सेना में दिखा प्रिय अनुज विभीषण,
देकर भाई को शुभाशीष बोला, "हे कुलभूषण!
तुम धन्य हो, सदा करो सत्य का अनुसरण।"

कुम्भकर्ण ने मचाया वानर सेना में हाहाकार,
कपि-भालूओं को बनाया उसने अपना आहार,
वीर नल, अंगद, विभीषण को किया मूर्छित,
भूपति सुग्रीव और हनुमान भी हुए पराजित।

चले श्रीराघवेंद्र भयभीत सेना का करने त्राण,
हाथ में ले शार्ग्धनुष, तूणीर में अमोघ बाण,
चढ़ाकर प्रत्यंचा, कर शर संधान, भरी हुंकार,
राक्षस बधिर हो गये, सुन धनुष की टंकार।

श्रीराम के शरों ने काटे शीश, भेदे वक्षःस्थल,
कई लाख दानव हुए हत, चला न कोई छल,
कुम्भकर्ण का बहा अत्यधिक रुधिर तन से,
फिर भी डटा रहा जुझारू, भागा नहीं रण से।

कुम्भकर्ण के तन धधक रही थी युद्ध-ज्वाला,
राम ने भरा मुख शर से, डरा नहीं मतवाला,
ले पर्वत दौड़ा प्रभु की ओर, होकर मदमस्त,
राम ने छोड़ लक्ष्यभेदी शर, काटे दोनों हस्त।

पंख कटे हुए विहग सा छटपटाया कुम्भकर्ण,
सिंह-सा गरज बढ़ा युद्ध को, नहीं गही शरण,
फिर राम के तीर ने किया तन को विदीर्ण,
सिर गिरा लंकेश समक्ष, धड़ हुआ प्रविकीर्ण।

लंकेश पर गिरी गाज, देख सामने सिर कटा,
निराश मन, नयन नम, पाषाणी हृदय फटा,
अनुज की मृत्यु पर लंकाधीश फूट-फूट रोया,
"त्राहिमाम त्राहिमाम! मैंने प्रिय भ्राता खोया।"

गोधूलि बेला, लौटीं दोनों सेनाऐं अपने ठौर,

नीरवता और प्रशान्ति बिखरी थी चारों ओर,

दानवी खेमे में थी उदासी, व्यग्रता व हताशा,

प्रभु खेमे में था आह्लाद, प्रसन्नता व आशा।

विलाप करते लंकाधिपति से बोला मेघनाथ,

"मत करो संताप, मैं अभी प्राणवंत हूँ तात,

देखना मेरा पौरुष जो तप से किया है प्राप्त,

विजयश्री हमें मिलेगी, यश होगा दिग्व्याप्त।"

भोर में उदित सूर्य, छाई पूरब में अरुणिमा,

गूँजी दुंदुभि, हुआ शंखनाद, तैयार थी सेना,

हो मायावी रथ पर आरुढ़ उड़ा दूर मेघनाथ,

अंबर से शक्ति-शूल-शर से करने लगा घात।

श्रीराम की सेना हुई अचंभित देख शस्त्र-वृष्टि,

देख शत्रुओं को त्रस्त, मेघनाथ को हुई तुष्टि,

तीर-वर्षा से अंगद, नील, केसरी हुए विकल,

सुग्रीव, हनुमान व विभीषण भी हुए घायल।

देख पराजय मेघनाथ ने किया मायावी छल,

राम-लखन को नागपाश में बांध दर्शाया बल,

हनुमान ने गरुड़राज से किया विनम्र विनय,

मुक्त कर राम व लखन को गरुड़ हुए धन्य।

अदृश्य मेघनाथ कर रहा था प्रहास अप्रत्यक्ष,

मायाकर्मी प्रकटित हुआ जाम्बवंत के समक्ष,

कर पाद-प्रहार जाम्बवंत ने गिराया धरा पर,

फेंका उसे जोर से, गिरा वह दुर्ग के द्वार पर।

लंकाधीश को देखकर मेघनाथ हुआ लज्जित,
साम-दंड-भेद से होना चाहता था वह विजित,
श्रेष्ठ पर्वत पर जय हेतु किया यज्ञ अनुष्ठित,
कंदरा में लीन हो कर रहा था मंत्रोच्चारित।

विभीषण ने राम को दी अनुष्ठान की सूचना,
तांत्रिक यज्ञ की सिद्धि से दुष्कर था जीतना,
विध्वंस करने हवन को गये सुग्रीव, लक्ष्मण,
साथ थे जाम्बवन्त, अंगद, हनु व विभीषण।

मेघनाथ कर रहा था माँ निकुम्भला का यज्ञ,
कुलदेवी के ध्यान में मग्न, जीत को प्रतिज्ञ,
दे महिष की बलि, कर रहा था रक्त से हवन,
अन्त:लीन हो मेघनाथ कर रहा था स्तवन।

वानरों ने मेघनाथ के यज्ञ को किया खंडित,

वह दौड़ा त्रिशूल से करने प्रहार होकर कुपित,

अंगद व हनुमान पर वार कर किया आहत,

लक्ष्मण पर भी फेंका त्रिशूल करने को हत।

त्रिशूल को नष्ट करने लक्ष्मण ने छोड़ा बाण,

प्राणों की सुरक्षा हेतु मेघनाथ हुआ अंतर्धान,

घातक ब्रह्मास्त्र छोड़कर किया उसने उच्छास्त्र,

लक्ष्मण को कर प्रणाम श्रीहीन हुआ ब्रह्मास्त्र।

मेघनाथ ने दागे पाशुपतास्त्र व वैष्णव अस्त्र,

कर लक्ष्मण का परिक्रमण दोनों हुए निरस्त्र,

लक्ष्मण ने चलाया अमोघ दिव्य शक्ति बाण,

लगा मेघनाथ के वक्षस्थल, तजे उसने प्राण।

मेघनाथ का शीश गिरा प्रभु श्रीराम के चरण,

मृत्यु-पूर्व किया उसने चरण कमल में नमन,

उसे ज्ञात था कि राघवेंद्र ही हैं विष्णुअवतार,

वे ही हैं सबके उद्धारक व जग के तारणहार।

प्रासाद व लंका में छाया घोर शोक व संताप,

आँखों में आँसू, हर जन कर रहा था विलाप,

रुदन करते रुकी मंदोदरी की श्वास-उच्छवास,

लंकेश भी था दुखी, नहीं हो रहा था विश्वास।

प्राच्य दिशा में सूरज लाया फिर नया सवेरा,

अरुण की बेला, वीभत्स दृश्य ने सबको घेरा,

सभी अशांत-आकुण्ठित और रण को उन्मत्त,

पराभव का संशय, पर प्रबल विजय मनोरथ।

रथ पर हो अध्यारूढ़ लंकेश चला आयोधन,

लेकर चतुरंगिणी सेना, सजे रंग-बिरंगे केतन,

शंख, ढोल, नगाड़ों की ध्वनि से व्योम गूँजा,

करने मृत्यु का वरण, चला दंभी बहरा-गूंगा।

पैदल-पैदल बढ़े प्रभु श्री राघवेन्द्र समर पथ,

ले शौर्य, सत्य, शील, बल से बना धर्म-रथ,

इन्द्रियाँ, विवेक व परोपकार हैं इनके तुरंग,

थे हाथ में वैराग्य के तीर व धैर्य का सारंग।

रणभू में असत्य से सत्य युद्ध को था आतुर,

हुआ शंखनाद, रणोन्मत्त रावण हुआ भयातुर,

शांतचित्त से चले राम करने रावण का मर्दन,

बाणों से भरा अंबर, काल कर रहा था नर्तन।

युद्धरत दोनों सेना कर रहीं थीं घात-प्रतिघात,

मानव मूल्यों को ताक पर रख हो रहे संघात,

पर्णों से गिर रहे थे युद्धवीर जैसे हो पतझर,

शवों के अंबार में थे दानव, भालू एवं वानर।

सहस्त्र तीरों के प्रहार से मूर्छित हुआ रावण,

चेतना में आने पर ब्रह्मास्त्र से किया आक्रमण,

नल, नील, अंगद, हनु, जाम्बवंत, विभीषण,

सभी वीरों से लंकापति का युद्ध हुआ भीषण।

सूरज चला अस्ताचल, हुआ युद्ध का अवसान,

लंकेश पहुँचा प्रासाद, तन-मन में थी थकान,

यज्ञ कर किया शक्ति की देवियों का आव्हान,

तप से किया अधीन, दिखाने रण में अवदान।

पूर्व में छाई लाली, रणक्षेत्र पर शोणित चढ़ा,

बजी भेरी, शक्ति देवियों के संग रावण बढ़ा,

रणक्षेत्र में देवियाँ रावण की बन रही थीं ढाल,

राक्षसी सेना विजयी होकर बन रही थी काल।

संध्या तक दनुज सेना ने किया बहुत संहार,

लंकेश की विजय के त्रास से मचा हाहाकार,

विलक्षण था दानवों व देवियों का यह सहकार,

राम पर विजय का स्वप्न हो रहा था साकार।

श्रीराम का अंतस् विकल, व्याकुल, विचलित,

लोचन विस्फारित, नभ को निहारते चिंतित,

स्मृति में सिर्फ सिया, लंकेश से उनकी मुक्ति,

दुविधा में राम, नहीं सूझ रही थी कोई युक्ति।

शक्ति आराधन का दिया जाम्बवंत ने सुझाव,
मन अचिन्त्य, दृग दीप्त, दूर मन का तनाव,
संचरित आशा, आमोद, उल्लास व प्रसन्नता,
रूपांतरित हुई मुखमण्डल पर गहराई चिन्ता।

भूल समर हुए शक्ति की भक्ति में लीन राम,
मन-मस्तिष्क थे एकाग्र, अंतस् हुआ निष्काम,
एक सौ आठ कमल अर्पित करने का संकल्प,
लेकर शक्ति-अर्चन का आरंभ किया प्रकल्प।

प्रत्येक जप उपरांत एक कमल किया अर्पित,
पूर्णाहुति पर अंत्य कमल करना था समर्पित,
तब माँ दुर्गा ने हर लिया वह अंतिम कमल,
विचलित हुए राम, लगा तप हुआ असफल।

याद आया, 'माँ कहती थी मुझे कमलनयन,'
तो नयन कमल अर्पित कर पूर्ण करूँ अर्पण,
उठा तीर वाम नयन निकालने को हुए उद्यत,
माँ दुर्गा ने प्रभु राम का पकड़ लिया हस्त।

प्रकट हुईं माता दुर्गा, दिया जीत का आशीष,
नम्रता से राम ने माँ-चरणों में झुकाया शीश,
दे विजय-वर, बन द्युति, श्रीराम में हुईं लीन,
अंतश्चेतना प्रसन्न हुई, छाया उत्साह नवीन।

उत्साह से भरे रणभूमि में उतरे प्रभु श्रीराम,
रावण के मरण तक नहीं करेंगे अब विश्राम,
राम के तीरों से उद्वेलित हो गई दानव सेना,
इससे आई श्रीराम सेना में स्फूर्ति व चेतना।

युद्ध विभीषिका से कम्पित थे सब नर-नारी,

शंकित थीं अनंत में विराजित शक्तियाँ सारी,

एक ओर थे स्वयं प्रभु श्रीराघवेंद्र विष्णुवतार,

दूसरी ओर लंकेश, साथ लिए मायावी संसार।

यह समर था ईश्वरीय व राक्षसी प्रवृत्तियों का,

यह समर था पवित्रता व कुटिल वृत्तियों का,

यह समर था माया, छल-कपट से मुक्ति का,

यह समर था राम व सिया की अनुरक्ति का।

रणक्षेत्र से सहसा ही अन्तर्धान हुआ दशानन,

माया की शक्ति से छिपकर किया आक्रमण,

प्रभु राम के सभी अस्त्र-शस्त्र हो रहे थे व्यर्थ,

वानर सेना में छाई निराशा, देख यह अनर्थ।

कर शरों का संधान, राम ने छोड़े शक्ति बाण,

रावण के कटे शीश का नव शीश लेता स्थान,

कठोर तप कर शंकरजी से पाया था वरदान,

मृत्यु अटल है, रावण को हो न सका भान।

रावण की मृत्यु कैसे हो श्रीराम को था ज्ञान,

प्रभु थे समर्थ पर दिलाया विभीषण को मान,

बताया विभीषण ने लंकेश की मृत्यु का मर्म,

नाभि में है अमृत कलश, बता निभाया धर्म।

रिपु-अनुज विभीषण पर करके अटूट विश्वास,

हो अचिन्त प्रभु राम ने ली फिर गहरी श्वास,

कैलाशपति भगवान शंकर का कर अवधान,

श्रीराम ने छोड़ा नाभि पर एक अमोघ बाण।

खंडित अमृत कलश, टूटा श्वासों का आबंधन,
टूटे वृक्ष-सा गिरा लंकापति का विशाल तन,
विलुप्त हुआ अट्टहास, चहुं ओर छाया क्रंदन,
हार गयी दानवी सेना, हुआ माया का भंजन।

लंकेश का अवसान, महाज्ञानी का था अन्त,
अन्याय, अनीति से त्रेतायुग हो गया स्वतंत्र,
वेदों के मर्मज्ञ लंकापति के पास थी अभिज्ञा,
किन्तु घमण्ड से दिग्भ्रमित हो गई थी प्रज्ञा।

हर्षातिरेक में श्रीराम-सेना कर रही थी नर्तन,
कपि-भल्लुक धन्य हुए पाकर असुर निकंदन,
प्रमुदित हुए देवी-देवता, किया प्रभु का वंदन,
किया शंखनाद, बरसाये पुष्प, अक्षत, चंदन।

श्रीलंका में छाया शोक, अश्रुपूर्ण था जन-मन,
देखकर के पार्थिव तन, द्रवित हुए विभीषण,
शोकाकुल थीं मंदोदरी, नैन भीगे, बिखरे केश,
धरा पर मृत पड़ा था त्रिलोक विजेता लंकेश।

समर में सब खेत हुए, बचा न कोई परिजन,
लंकेश के दाहकर्म को राम ने भेजा विभीषण,
कैसी दुर्दशा, जिसके भय से काँपते थे अनेक,
संग में न था कोई, कैसा है कर्मों का लेख।

राघवेंद्र ने विभीषण को घोषित किया भूपेश,
कृतज्ञता से निहारते रहे श्रीराम को निर्निमेष,
नेत्रजल से पखारे प्रभु राम के चरण कमल,
प्रभु-भक्ति का विभीषण को मिला प्रतिफल।

हनु गये वाटिका सुनाने माता को समाचार,

प्रभु श्रीराम की महाविजय, रावण का संहार,

पुलकित हुईं वैदेही, बही नेत्रों से अश्रु-धार,

दिया आशीष, "तुम्हारा यश गायेगा संसार।"

अशोक वन गये विभीषण, ले रम्य अलंकार,

त्रिजटा व सखियों ने किया वैदेही का श्रृंगार,

पैदल-पैदल पहुँची वैदेही प्रभु श्रीराम के द्वार,

दर्शन कर वानर की सेना में छाया हर्ष अपार।

वसुंधरा पर हो रहा था अलौकिक सम्मिलन,

विष्णु का रमा से, राम का सिया से मिलन,

सागर से मिली सरिता, समरस हुआ सलिल,

ज्यों धरा तृप्त होती है वर्षा के जल से मिल।

आज असत्य पर हुई सत्य की महाविजय,
दसों दिशाओं में गूंजी श्रीराम की जय-जय,
निभाई रघुकुल की रीत पूरे कर सारे वचन,
इसलिए प्रभु राम का सब करते चरण वंदन।

श्रीराम का नाम जीवन जीने की पद्धति है,
राम नाम संस्कार, सभ्यता, रिद्धि-सिद्धि है,
राम नाम करो अंगीकार, धुल जायेंगे पाप,
राम नाम मिटा देता मन के सब संताप।

वे आदर्श के प्रतिमान, विश्व के पथ-प्रदर्शक,
सत्यव्रती, पुरुषोत्तम, मानव-धर्म के प्रवर्तक,
क्षण भंगुर है जीवन, कुछ साँसों का स्पंदन,
सार्थक करें जीवन कर राम-पथ का अनुसरण।

इतिश्री विजय यात्रा।

कवि-परिचय

नाम: प्रो. प्रमोद कुमार जैन 'प्रखर'

जन्मदिनांक: 30.11.1957

जन्म स्थान: खण्डवा (म.प्र.)

शालेय शिक्षा: खण्डवा, नागपुर, जबलपुर व डिंडोरी

1979 में जबलपुर विश्वविद्यालय से एम.एस-सी.रसायनशास्त्र विषय से की तथा स्वर्ण पदक से सम्मानित। पीएच.डी. मोहनलाल सुखाडिया विश्वविद्यालय, उदयपुर से की।

यह विगत 43 वर्षों से विभिन्न महाविद्यालयों में रसायनशास्त्र विषय का अध्यापन कर रहे हैं। इनकी काव्य रचनायें विभिन्न पत्र-पत्रिकाओं में प्रकाशित हो चुकी हैं। यह इनका पहला प्रकाशित खण्ड-काव्य है।